KB095970

종교 Religion 가 된
사적인
고민들

만화로 보는 '종교'란 무엇인가,

종교 Religion 가 된
사적인
고민들

마르흐레이트 데 헤이르 글·그림 ─ 정지인 옮김 ─ 이찬수 감수

원더박스

감수자의 말:

참된 종교란 무엇인가에 대한
아주 쉽고 정확하고 객관적인 답

_ 이찬수 서울대 통일평화연구원 HK연구교수 · 종교문화연구원장

이 책은 어린이를 비롯한 청소년들이 종교에 대한 올바른 견해를 가질 수 있도록 꼭 필요한 내용을 아기자기한 만화로 묘사한 세계 종교 입문서이다. 책을 읽다 보면 성실하고 유능한 교사가 차근차근 칠판에 글도 쓰고 예쁜 삽화도 그리며 개인의 경험까지 고루 담아 들려주는 초등학교 종교 교실로 독자를 데려다준다.

저자는 유대교, 기독교, 이슬람교, 힌두교, 불교 등 세계의 대표적인 다섯 가지 종교의 전통과 역사, 배경, 교리, 현대적 의미 등을 누구나 이해할 수 있도록 쉽게 소개하고 있다. 만나고 싶었던 마음씨 착하고 실력 있는 종교 교사를 만난 느낌이랄까. 청소년을 위한 책으로 편집되었지만, 실상은 어른들도 잘 모르거나 오해하고 있는 종교들의 세계를 충실히 담아내고 있다.

그 외에도 이 책의 장점은 여러 가지이다. 무엇보다, 종교에 대한 저자의 관점이 솔직하면서도 객관적이어서 마음이 놓인다. 저자 개인적으로는 기독교적 배경을 가지고 성장한 네덜란드 만화가이자 신학자이지만, 오늘날 종교계의 흐름과 현대 종교학자들의 관점을 정확하게 짚어내고 있다. 책장을 넘기다 보면, 종교적 메시지와 통찰을 자신도 모르는 사이에 얻을 수 있을 것이다.

둘째, 이 책은 종교들의 역사나 교리, 형식 등 당연한 사실을 이해하도록 하는 데 머물지 않고, 개인의 내적 영성의 중요성도 부각시킨다. 내면에는 별 변화도 없이 그저 절이나 교회에 습관적으로 다니는 것을 의무인 양 생각하는 종교인도 많은데, 참된 종교는 건강한 생각을 가지고 자신의 내면을 성숙시키고 이웃을 돌아보는 영성을 키우는 데 있다는 사실을 함축적으로 강조한다.

셋째, 세계의 주요 종교들이 남성의 시각에 따라 형성되었고 지금까지도 남성 중심적 관점을 유지하고 있는데, 앞으로는 여성적 시각에서 보아야 한다는 문제의식을 가지고 있는 것도 이 책의 장점이다. 지금까지는 한쪽 눈으로만 세상을 봐왔다면, 이제는 두 눈을 다 뜨고 그동안 보지 못했던 절반 이상을 새로 보아야 한다는 오늘의 목소리도 담고 있어서 마음에 든다.

넷째, 저자는 오랜 종교적 고민을 거쳐 스스로를 불가지론자로 규정하게 되었지만, 그렇다고 해서 무신론자는 아니며, 종교의 본질을 간과하지도 않는다. 오히려 진리는 다 알 수 없다는 겸손함으로 종교적 진리의 세계를 추구하는 개방적 겸손함이 더 잘 드러난다. 부모가 유용하게 읽고 자녀에게도 기쁘게 권해줄 만한 책이 나와서 흐뭇하다.

차례

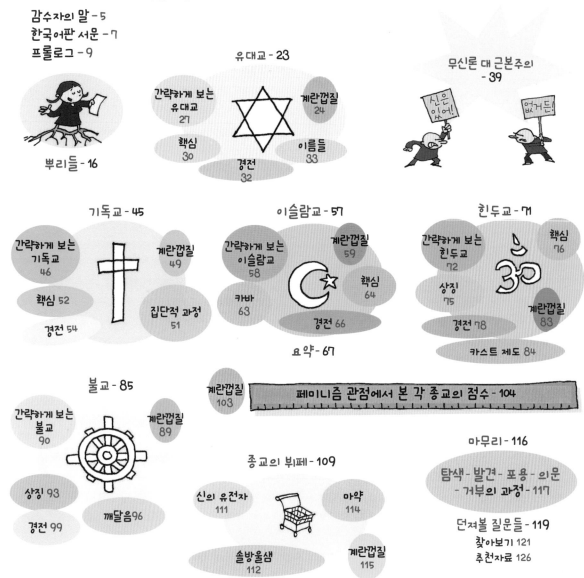

한국어판 서문:

독자 여러분, 안녕하세요?
수많은 책 가운데 이 책을 골라주셔서서 정말 고마워요!

종교를 다룬 이 만화는 『과학이 된 무모한 도전들』, 『철학이 된 엉뚱한 생각들』과 함께 3부작을 이루는데, 원래 그 중 두 번째 책이랍니다. 그리고 세 권 중에서 가장 개인적인 이야기가 담겨 있기도 하고요. 기독교, 이슬람교, 불교, 힌두교, 유대교 등 세계 5대 종교에 관한 정보를 제공하는 것뿐 아니라, 개신교 목사 부부의 딸이라는 나 자신의 종교적 배경과 다른 종교들에 관한 개인적인 경험과 관점들도 담겨 있으니까요.

여러분 각자의 종교적 배경은 아마도 나와는 많은 부분이 다르겠지만, 그래도 이 책을 즐겁게 읽어주시면 좋겠습니다. 비록 많은 차이가 있더라도, 내가 그랬던 것처럼 여러분도 우리가 사실은 영성에서, 그리고 진리를 추구하는 길 위에서 모두 연결되어 있음을 깨닫게 되기를 바랍니다.

즐거운 독서가 되기를!

여러분의 행복을 기원하며.

2014년 9월
마르흐레이트 데 헤이르 드림

두 분께 이 책을 바칩니다.

헨드리퀴스 베르흐프
1914~1995
신학 교수

케이스 카우세마케르
1942~2010
네덜란드 만화의 수호성인

나의 할아버지 나의 멘토

프롤로그

남편과 나는 서로 종교적 배경이 달라.

스스로 판단하여
개신교로 개종한 친할머니

라이덴 대학의 신학교수였던
외할아버지

아버지:
목사

어머니:
목사

그러나 우리는
같은 신념을
공유하고 있지!

나치의 이데올로기를 피해
탈출한 독일인 할아버지

불가지론자인
외할아버지

인쇄업자

아버지:
불가지론자

어머니:
불가지론자

성경

신학
공부

아름다움
진리
정의

IBM

프리메이슨단

카오스
매직

과학

하지만 그건 그리
이상한 일이 아니야.

우리 둘 다 스스로 자신의 믿음과 가치관을
발견하고 탐색하도록 자유롭게 놓아둔
부모님 밑에서 자랐기 때문이지.

15

뿌리들

나는 자유로운 분위기의 🕊 네덜란드 개혁교회 안에서 성장했어.

오켄브룩의
목가적인 교회

교구목사관

나에게 하느님은
우리집에서 같이 사는 다정한
삼촌 같은 분이셨어.
부모님은 서재에서 그분과
긴 대화를 나누곤 하셨지.

교회는
글자 그대로
나의 놀이터였지.

엄마, 나 또 장로님들이랑 같이
앉아 있어도 돼요?

나는 세 살 때부터 근처 마을로
설교하러 가시는 어머니를
따라다녔어.

17

열다섯 살이 되자 나는 반항하기 시작했지.

교회는 멍청해!!! 난 예수님이 모든 사람을 위해 존재한다고 생각했어! 그런데 왜 어떤 사람들은 배제되는 거지?

위선자들!

흥!

하느님이 정말 존재하기는 하는 거야?

나는 부모님이 그런 내 말에 항변하실 거라고 예상했지만...

나도 정말 모르겠구나!!!

정말 하느님이 존재한다면 왜 나를 위해서는 존재하지 않을까?

왜 그분은 내가 어려울 때 나를 도와주지 않으시는 거야?

바로 그때 나는 아주 강렬하게 느꼈어.

신은 분명히 존재한다고.

하지만 그분은 성경에 등장하거나 교회 설교에서 들을 수 있는 그런 존재를 훨씬 뛰어넘은 존재라고.

나는 신이 언제나 우리가 생각하는 것 이상의 존재라고 생각해.

신

신은 모든 것이야.

신은 모든 것을 아우르고,

신은 모든 것 안에 깃들어 있어.

이제 나는 내가 기독교인이라고 말하지 않아.

그렇다고 예전처럼 기독교에 저항하지도 않지.

자라면서 부모님에게서 물려받은 신앙은 언제까지나 내 유년기의 추억과 연결되어 있을 거야.

Eternal Father, Strong to Save

216 (528)

Melita 888888

지금도 어떤 찬송가들을 들으면 절로 눈물이 왈칵 솟는 걸.

기독교는 내가 물려받은 문화유산이야. 그 노래들과 이야기들과 의식들은 내 정체성을 이루는 부분들이지.

그렇다면 그 유대-기독교적 전통이란 건 과연 무엇을 일컫는 말일까?

그게 내 맘에 들든 안 들든 상관없이 말이야.

기독교

이슬람교

유대교

저 말을 들으니 1779년에 발표된 이 희곡의 일부가 생각나네.

현자 나탄
레싱

옛날 옛적에 그것을 소유한 사람에게 신과 사람들의 사랑을 보장해주는 반지가 있었어.

그 반지는 아버지가 가장 사랑하는 아들에게 물려주는 식으로 여러 세대에 걸쳐 전해졌지.

그러다가 아들 셋을 둔 한 아버지에게 그 반지가 전해졌어.

나는 이 아이들을 똑같이 사랑해!

그 아버지는 몰래 똑같은 반지를 두 개 더 만들었어.

아버지가 돌아가신 뒤 세 아들은 아버지가 모두에게 반지를 하나씩 줬다는 걸 알게 되었지.

아버지는 직접 내게 이 반지를 주시면서 나를 가장 사랑한다고 하셨어!

내게도 똑같은 말을 하셨는데!

나한테도!

세 아들은 법정으로 갔어.

누구 것이 진짜 반지인가요?

진짜 반지를 가진 자라면 신과 사람들의 사랑을 받게 될 터인데, 자네들 중 누구도 그런 사랑을 받을 것 같지 않군!

셋 다 자기 반지가 진짜라고 생각하고 그에 합당하게 살아가야 할 것이네!

자네들 아버지는 자네 셋을 모두 사랑하셨고 자네들끼리도 서로 사랑하기를 바라신 걸세!

저 삼형제는 각각 유대교도와 이슬람교도와 기독교도를 상징해. 같은 아버지에게서 같은 유산을 물려받았지.

그들 중 누가 아버지의 뜻에 맞게 살아가고 있는 걸까?

반유대주의가 수세기 동안 이어져온 가운데, 1948년 이스라엘이 건국했어.

유대인들이다!
저들이 우리의 부(돈과 재산)를
모조리 빼앗아가고 있어!

우리나라에서 잘못되는
일은 모조리 저들 탓이야!

하아. 다시 돌아왔구나.

하지만 우리도
여기 살고 있다고!

전 세계에 약 1,400만 명의
유대인이 있어.

미국에 5백만 명이 살고 있고,
이스라엘에 5백만 명이 살고 있지!

불행히도 약속의 땅은 언젠가 하느님이 아브라함에게 약속했던
그 목가적이고 평화로운 장소와는 여전히 거리가 멀어.

유대교 신앙의 핵심

나는 유대교의 부활절인 유월절을 축하하는
모습에 유대교의 핵심이 들어 있다고 생각해.

오늘밤은 어째서
다른 모든 밤들과 다른 거예요?

오늘밤에는 수천 년 전에 하느님이 우리를
노예 상태에서 벗어나게 해주신 날을 기리는 거란다.

유대교의 중심에는 수난과 그 수난으로부터의
구제라는 주제, 그리고 선민사상이 있어.

유대교에는 음식에 관해서도 상세한 율법이
정해져 있어. 고기는 발굽이 갈라진 반추동물과
닭, 오리 같은 가금류, 그리고 조개류를 제외한
해물만 먹을 수 있지. 이 율법에 따른 음식을
'코셔 음식'이라고 해.

유월절 음식에는 쓴 음식과
단 음식이 있어. 이집트에서 보낸
쓰라린 노예시절과 달콤한
해방을 기억하기 위한 거야.

전통을 이어가는 것이 아주 중요해.
어른들은 어린 아이들도 유대교 의식에
참여시키고, 아이들 스스로 유대교에 대해
질문하고 토론하도록 이끌어주지.

이건 무교병이라고 해.
오래 보관할 수 있도록 한 무발효빵이지.
이스라엘인들은 이집트에서 탈출할 때
이 빵을 준비해갔어.

양고기 뼈는 그들이 떠나기 전날 밤
도축했던 양고기를 상징해.

예언자 엘리야를 위해서도
포도주 한 잔을 준비해두지.

엘리야는 위대한 예언자들 중 한 사람이야.
사람들은 메시아가 오기 바로 전에 엘리야도
재림할 거라고 믿고 있지.

유대교 의식에서는 정결의식이 중요해.
그래서 여기 손을 씻는 그릇을 두는 거야.

이 그림들은 유대교의 상징들이야. 다윗의 별,
일곱 개의 가지로 된 촛대인 메노라야.

육각형별은 다윗왕 시대부터 유래했다고 해. 15세기부터는
유대인을 나타내는 특별한 기호로 정착했고.
제2차 세계대전 기간 동안 유대인들은 의무적으로 옷에 그 별을 달고
다녀야 했어. 현재 이스라엘 국기의 중심에도 이 별이 그려져 있지.

타나크 (토라+네비임+케투빔)	+	탈무드 (타나크에 대한 주석)

이름들

우리가 서로를 구별하고 호명하려면 이름이 필요하지.

그런데 우리의 이름은 우리에 관해 무엇을 말해줄까?

이름은 그 사람의 국적과 배경에 관해서 이야기해줄 수 있고, 특정한 이미지를 예상하게도 하지.

내 이름은 **조**라네.

채드는 화려하고 교육을 많이 받은 서른 살에서 마흔 살 사이의 앵글로색슨계 백인 신교도 남성.

조는 출신이 소박하고 나이가 좀 많으며 그저 평범하게 행동하는 사람.

내 이름은 **채드**요.

내 이름은 **티파니**야.

티파니는 좀 버릇없는 십대소녀.

내 이름은 **셰니스**

셰니스는 배짱 두둑한 젊은 여성.

딕과 제인은 평균적인 백인 중산층 중서부 주민.

우리는 **딕**과 **제인**이에요.

이리는 동유럽의 노동자계급으로 사투리를 좀 쓰지.

내 이름은 **이리**야.

밤비는 귀여운 아기 사슴.

내 이름은 **밤비**야.

사람들의 이름이 그렇게 애매모호하다면
신들의 이름은 어떻겠어?

신들의 이름은 우리에게
어떤 이미지와 기대를
불러일으킬까?

영원함

무한함

내 이름은
신이니라.

내 이름은
알라이니라.

내 이름은
아도나이이니라.

사랑과 용서의
아버지

전능한

우주

내 이름은
브라흐마이니라.

구름 위에 올라탄
늙은 현자

생명의 에너지

자연

율법과 규칙

내 이름은
야훼이니라.

동화 속 등장인물

우주

내 이름은
가이아.

힘의 매개체

복수심

내 이름은
여호와이니라.

사랑

상업적 혼합물

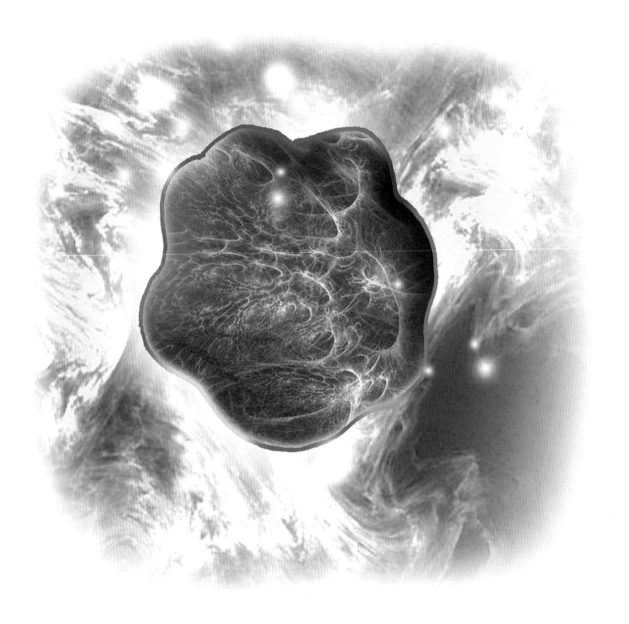

유대교인들은 신의 이름을 부를 때
대단히 신중한 태도를 취하지!

신은 모세에게 자신의 이름을 알려주었는데,
그 이름은 바로

JHWH *

그건 이런 뜻이야.

나는 있다.
나는 있을 것이다.
나는 있게 할 것이다.

우리는 신의 이름을
결코 입에 올리지 않아!

대신 우리는 주님이라는 뜻의
'아도나이'라고 부르지.

신의 이름을 말하는 것은
그 사람이 신을 안다는 것을 암시하지. 하지만 신은
우리가 알기에는 너무나 거대한 존재라고!

* יהוה 히브리어 성서에서 신이 모세에게 알려준 자신의 이름. 영어로는
JHWH 또는 YHWH라고 표기하고 야훼 또는 여호와라고 발음한다.

무신론 대 근본주의

뭐, 사실 나도 이해는 해.

그 모든 무신론자들 말이야.

'종교'라는 말을 들으면 사람들은 보통 조직된 기성 종교를 생각하니까.

특히 기성종교에서 생겨난 온갖 폐단들을 떠올리지.

박해, 죄책감, 죄, 복수, 성전, 참회, 학대

무신론은 교회가 불가침의 권위를 행사하던 시절에 대한 논리적인 반응이야.

그 무엇에도 의문을 품지 마라. 신은 다른 모든 것 위에 군림하시니.

이제 우리는 각 개인이 중심이 된 시대에 살고 있어.

생각의 독립성, 스스로 선택하기, 비판적 사고….

정신상담

물론 우리가 대중을 맹목적으로 따라가지 않고, 견고한 관습들을 비판적으로 보게 된 것은 좋은 일이지!

마침내 다른 모든 사람들과 마찬가지로 비판적 개인의 중요성을 이해하게 되었다니 기쁘군요.

이제 다 나았어요!

하느님 감사합니다!

그으으은보오오오온주의자들…

근본주의자들

이 길이야! 유일한 길!

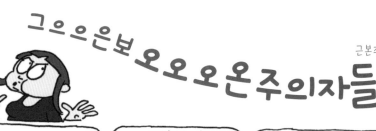

참, 당신 종교에 관한 책을 쓰고 있다고요?

진정한 종교는 단 하나밖에 없다는 건 당신도 분명 알고 있겠죠?

그리고 그 종교를 믿지 않는 사람은 지옥에 떨어진다고요!

자유주의는 오류예요!

우리 종교!

우리 종교지!

우리 종교야!

도대체 신의 이름을 들먹이면서 어떻게 그런 식으로 생각할 수 있죠?

종교는 연결을 의미해요! 하지만 당신들이 설파하는 건 분리라고요!

쟤는 우리한테 속하지 않아!

그리고 쟤도, 우리 편은 아니야!

그리고 저기 두 사람은 정말로 우리와 달라!

당신들은 사실상 극단적인 비신자들일 뿐이야!

당신 말이야!

그리고 당신도!

특히 당신!

크아아아아!!

조심! 신앙심 없는 자!

42

아니, 그러니까… 나도 이해는 한다고요….

근본적으로는 말이죠….

근본주의는 자신에게 신성한 것, 그러니까 자신의 신앙이나 문화를 보호하려는 한 방편이죠. 우리는 지나친 격동의 시대에 살고 있으니까요.

사람들이 엄격한 교리에 의지하려고 하는 것도 무리가 아니죠.

아주 좋아요!

하! 거짓말인데! 나는 근본주의자들을 결코 이해할 수 없어! 내 확신하건대, 신의 뜻은 절대 그런 것이 아니야. 당신들은 모두 당신들 자신의 개인적인 지옥에서 불타게 될 거라고! 아직도 지옥에 도착하지 않았다면 말이야!

이제야 당신도 우리와 같은 언어로 말하는군!

짝! 짝! 짝!

사실은 당신도 이해하고 있다는 걸 알았죠? 누구나 내면 깊은 곳에는 어느 정도의 근본주의를 품고 있답니다.

그것을 어떻게 다루는가에 따라 결과는 전혀 달라지죠.

기독교

맞아.
나는 기독교에 관한 한
유난히 비판적이지.

어쨌든 기독교는 내가 그 속에서 태어나고
성장했으며 지금까지 공식적으로
그 일원인 '나의' 종교니까.

사람은 언제나 자신이
속해 있는 집단을 비판적으로
바라볼 줄 알아야 해.

게다가 기독교의 역사와 관련해서는
개인적으로 내 마음을
불편하게 하는 뭔가가 있다고….
그중에서 특히 어두운 부분 말이지.

난 어째서 그런 일들을
거의 모르고
살아왔던 것일까?

학교에서는
들어본 적이 없어.

나 스스로
공부하면서
조금 알았을 뿐

심지어 고아 종교재판에
대해서는 얼마 전에야
알게 됐다고.

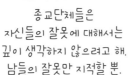

종교단체들은
자신들의 잘못에 대해서는
깊이 생각하지 않으려고 해.
남들의 잘못만 지적할 뿐.

이건
분명해.

사람들이 어떤 제도 안에서 모이기만 하면,
곧바로 불평등과 학대와 폭력으로 향하는 문이 열린다는 사실!

이제 집단적인 과정에서
일이 어떻게 진행되는지
살펴보자고.

기독교 신앙의 핵심

난 이 교회 의식에 기독교의 핵심이 들어 있다고 생각해.

마태복음 26장 26~28절

그들이 마지막 식사를 할 때 예수께서 빵을 들고 감사를 드린 후, 빵을 떼어 제자들에게 주시며 말씀하셨다.
"받아서 먹어라. 이것은 나의 몸이니."

그런 다음 잔을 들고 감사를 드린 후, 그것을 제자들에게 주며 말씀하셨다.
"너희 모두 이것을 마셔라. 이것은 많은 사람들의 죄를 용서하고자 부은 나의 피, 언약의 피니라."

"이렇게 하여 나를 기억하라."

성찬 또는 주의 만찬, 성찬례라고도 하는 성체성사는 많은 기독교인들에게 그리스도의 몸을 받는 것을 상징하는 신성한 의식이야.

십자가는 전 세계적으로 기독교를 상징하지. 가톨릭에서는 예수가 못 박혀 있는 십자가를, 개신교에서는 십자가만을 사용해.

어떤 교단에서는 견진성사를 받은 교인만이 성체성사에 참여할 수 있어. 그러나 대부분의 교단에서는 아이들을 포함하여 누구나 참여할 수 있지.

성체성사에서 사용하는 포도주는 주로 특별한 성찬식용 포도주지만, 포도주스를 사용할 수도 있어

 예수의 몸으로 '변형된' 빵이라는 생각 때문에 초기 기독교 시절에 식인관습이 있었다는 소문이 돌기도 했지.

성서 **BIBLE** 'BIBLE'은 원래 '책들'이라는 뜻

신약 성서

● **복음서**

예수 그리스도의 생애를 다룬다.
마태복음, 마가복음,
누가복음, 요한복음

● 사도의 **활동**

초기 교회의 선교 활동

● 서간

주로 바울이 여행을 하여 방문했던 기독교 공동체들에게 보낸 편지들

성서 : 유대교의 타나크와 동일한 **구약 성서**

신약 성서

● 계시록

세상의 종말에 대한 비전을 묘사한다.

〈묵시록의 네 기사〉
알브레히트 뒤러, 1498년

이슬람

그래, 나는 무함마드를 묘사해버리고 말았어!

이 무슬림 화가가 한 것처럼.

또 이 화가처럼

또 이 화가도

그리고 이 화가도

페르시아. 14세기

이란의 백과사전에 등장하는 삽화. 1307년

페르시아. 중세 말

시라즈. 1480년

무함마드를 묘사하는 것이 금지된 일이야?

코란에서는 이미지를 숭배하는 걸 금지했을 뿐이던데.

무함마드가 주로 베일을 쓴 모습이나 성스러운 불꽃에 감싸인 모습으로 묘사되는 것은 그 때문이지!

그래서 나는 알았지. 중요한 건 형식이 아니라 내용이라는 걸.

유대교에서 신의 이름을 발음하지 않는 것처럼 말이야. 나는 이 생각이 마음에 들어!

신비로움의 여지를 남겨주잖아!

놀라운 건 무함마드의 외모에 관해서는 언어로 된 묘사가 아주 상세하게 남아 있다는 거야.

무함마드는 잘생긴 남자였다! 신체 균형도 잘 잡혀 있고 배가 불룩 나오지도 않았고, 두상이 작지도 않았다. 검은 눈동자는 아주 깊었고, 속눈썹이 길었으며, 긴 목에, 둥글게 자란 턱수염은 풍성했고, 눈썹은 아주 짙어 양미간이 거의 닿을 정도였다.

그런 건 허용되었던 모양이지!

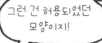

걸을 때는 살짝 몸이 굽었다. 조용하고 위엄 있고 침착했으며, 특히 말을 할 때의 모습이 인상적이었다.

왼쪽 어깨 위에 비둘기 알만 한 커다란 사마귀가 있었는데, 사람들은 그것을 예언자의 봉인이라고 불렀다.

알리 이븐 아비 탈리브, 무함마드의 사촌동생이자 사위

폭력은 모든 시대와 인종과 종교를 막론하고 벌어지는 일이지만, 21세기 초에는 대부분의 테러공격 배후에 이슬람 근본주의가 있어.

쌤통이군! 서구는 이슬람 세계를 좀 더 존중해야 할걸!

끔찍해!

이 일은 이슬람과 아무 관계가 없소! 단연코 대부분의 이슬람 신자들은 폭력을 혐오한단 말이오!

무함마드도 평화와 관용의 옹호자였지!

신자가 15억 명이 넘는 이슬람교는 세계에서 두 번째로 규모가 큰 종교야!

게다가 가장 빠른 속도로 신자가 늘고 있지!

50개 나라에서 가장 신도가 많은 종교로 꼽히고 있어!

전체 이슬람 신자 중 20%는 아랍인이야. 하지만 서구에서도 이슬람교로 개종하는 사람들의 수가 점점 증가하고 있어.

카바

메카에 있는 카바〔큐브(정육면체)라는 뜻〕는 이슬람의 중심적인 성소야.
이슬람교 신자라면 가능하면 평생에 한 번은 메카까지 순례를 떠나야 하고
카바 주위를 일곱 바퀴 돌아야 하지.

금색 실로 수놓은
검은 색 실크로 덮여 있어 (해마다 새로운 것
으로 갈아준대).

이것은 옛날에 덧붙여
지은 건조물의 토대야.
이곳에 이스마엘과
그의 어머니 하가르의
무덤이 있다고 전해지지.

13미터

운석으로 추정되는 검은 돌.
이슬람 신자들은
천사 지브릴이 아브라함에게
준 것으로 천국에서 온 돌이라고
믿고 있어.

마캄 이브라힘

언젠가 아브라함이 서 있었던 장소라고 해.
지금도 그 돌에 그의 발자국이 남아 있지.

카바는 무함마드 이전 오래 전부터 존재하던 곳이야.
이슬람 신자들은 아담이 하늘의 계획에 따라 처음 이 건물을 지었으며,
아브라함과 그 아들 이스마엘이 재건축했다고 믿고 있지.
무함마드가 살아 있던 시대에는 여러 신들을 기리는 장소였대.
무함마드는 그 우상들을 파괴하고 한 신만을 믿는
일신론을 도입했어.

근처에는 치유력이 있다는
잠잠 우물이 있어.

이슬람교의 핵심

난 이슬람교 신자들이 하루에 다섯 번씩 기도를 올리는 '살라트' 라는 예배가 이슬람교의 핵심이라고 생각해.

아쉬 하두 안 라 일라하 일랄라 와시 하두 안나 무함마단 라술룰라 (알라 외에 신은 없으며 무함마드는 알라의 예언자이다)!

이슬람이란 **복종**을 의미해.

이슬람 신자들은 신에게 복종하고, 또 신이 내린 법에 복종하는 사람들이야. 이러한 복종의 행위는 기도의 자세를 통해 글자 그대로 실천되지.

이 말은 신앙고백인 **샤하다** 라고 해.

그밖에 코란의 구절들과 정해진 기도문을 암송하기도 하고, 개인적인 기도를 덧붙이기도 해.

모든 걸 다 아랍어로 해야만 해!

알라 외에 신은 없으며 무함마드는 신의 예언자임을 증언합니다!

단 이제 막 개종한 신자들은 처음에는 자신의 모국어로 기도를 시작하지!

기도할 때 향하는 방향은 메카의 카바, 성스러운 검은 돌이 있는 방향이야.

예배의 자세

신발은 벗어야 해!

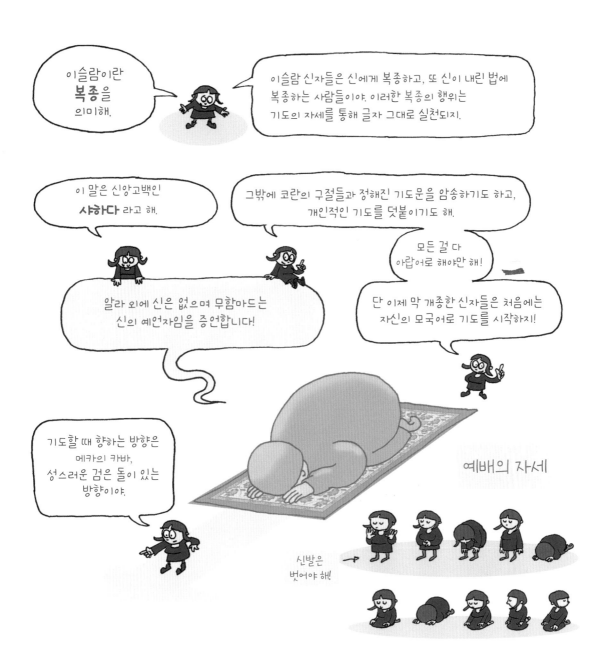

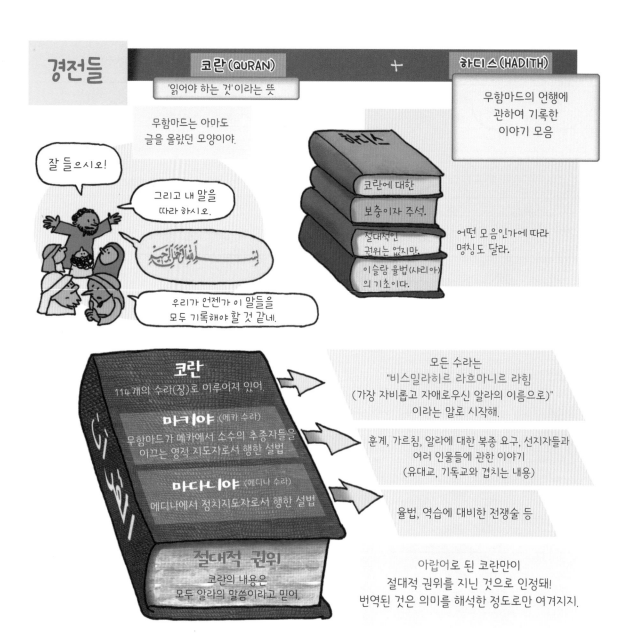

경전들

코란(QURAN)
'읽어야 하는 것'이라는 뜻

+

하디스(HADITH)
무함마드의 언행에
관하여 기록한
이야기 모음

무함마드는 아마도
글을 몰랐던 모양이야.

잘 들으시오!

그리고 내 말을
따라 하시오.

우리가 언젠가 이 말들을
모두 기록해야 할 것 같네.

코란에 대한
보충이자 주석.
절대적인
권위는 없지만,
이슬람 율법(샤리아)
의 기초이다.

어떤 모음인가에 따라
명칭도 달라.

코란
114개의 수라(장)로 이루어져 있어.

마키야 (메카 수라)
무함마드가 메카에서 소수의 추종자들을
이끄는 영적 지도자로서 행한 설법

마다니야 (메디나 수라)
메디나에서 정치지도자로서 행한 설법

절대적 권위
코란의 내용은
모두 알라의 말씀이라고 믿어.

모든 수라는
"비스밀라히르 라흐마니르 라힘
(가장 자비롭고 자애로우신 알라의 이름으로)"
이라는 말로 시작해.

훈계, 가르침, 알라에 대한 복종 요구, 선지자들과
여러 인물들에 관한 이야기
(유대교, 기독교와 겹치는 내용)

율법, 역습에 대비한 전쟁술 등

아랍어로 된 코란만이
절대적 권위를 지닌 것으로 인정돼!
번역된 것은 의미를 해석한 정도로만 여겨지지.

유대교와 기독교, 이슬람교는 모두 아브라함의 종교에 속해.
세 종교 모두 아브라함이 그 시조이기 때문이지.

67

십대 시절에 나는
기독교 전통에서 성장한 것에 대해
그리 심하게 저항하지는 않았어.

하지만 교회에서 들려오는 언어들은
갈수록 내 마음을 불편하게 했지.

힌두교

현대의 힌두교는 언제나 그래왔듯이 여전히 다채롭고 유연해.

나는 요가 수행을 해!

나는 매일 아침저녁으로 작은 의식을 올려. 그게 내 하루를 만들어주지.

나는 옛 이야기 읽는 걸 좋아해! 특히 산스크리트어로 된 원전이 좋아.

나는 나와 잘 통하는 신들로 작은 제단을 꾸렸어. 돌아가신 할머니 사진도 함께 놓아두었지.

나는 모든 축제들을 기념해. 그게 바로 전통이니까.

난 환생을 믿어. 그래서 최대한 바르게 살아가려고 노력하지.

나는 크리슈나 신에게 내 인생을 바쳤다네.

힌두교는 세계에서 세 번째로 큰 종교로 신자 수가 10억 명이 넘어!

그 중 대부분이 인도나 그 주변 나라들에 살고 있지.

기독교나 이슬람교와 달리 힌두교는 다른 사람들을 찾아가 개종시키는 것을 과업으로 여기지는 않아.

힌두교의 핵심

나는 <마하바라타>의 이 결정적인 장면에 힌두교의 핵심이 있다고 생각해.

크리슈나 님, 저는 피비린내 나는 전투를 앞두고 있습니다. 제가 올바른 일을 하고 있는 것인지 회의가 듭니다!

아르주나여, 그대는 전사다. 전투를 치르는 것이 너의 다르마(진리)이니라.

반드시 결과에 집착하지 말고 행동해야 한다.

하지만 제 상대는 친족과 친구와 스승들입니다. 제가 어찌 그들을 죽일 수 있겠습니까?

죽음은 허상일 뿐이며 영혼은 불멸한다는 것을 깨달으면 되느니라!

우리가 허상 속에서 태어난 것이라면, 어떻게 실재가 무엇인지 알 수 있습니까?

마음에서 불순한 것들을 비움으로써 알 수 있다.

그 방법으로는 다음의 세 가지가 있다.

이타적 행동의 길인 **카르마 요가.**

무조건적인 헌신의 길인 **박티 요가.**

지식과 통찰의 길인 **즈나나 요가.**

그 전쟁의 배경은 쿠루족의 벌판이지만, 우리는 그것을 내적 갈등으로 볼 수도 있어.

너무 익숙해져서 마치 가족처럼 느껴지는 습관들과 관점들에 대한 싸움 말이야

아르주나의 다르마는 전사의 다르마야.

나의 다르마는 만화가의 다르마

그는 반드시 전투를 치러야 하는 거지. 그러지 않으면 자신의 본성을 거스르는 것이야.

당신의 다르마는 뭐야?

다르마는 영원한 자연법을 말해. 하지만 개인적인 차원에서는 자기 본성에 대한 자신의 의무라고도 볼 수 있지.

힌두교의 경전들

베다
'지식'

리그베다

찬가들, 결혼식이나 장례식 같은 의례와 봉헌과 관련된 가르침.

사마베다

찬가들이 담겨 있어.

야주르베다

희생제식의 만트라와 주문

아타르바베다

치유와 장수, 사랑, 적을 막는 것 등을 위한 주술적 주문들.

우파니샤드

베다의 철학적 내용 부분들을 발췌하여 엮은 책. 샹카라 (788~820년)가 → 여기에 주석을 달았다.

마하바라타
'위대한 인도의 역사'

세계에서 가장 긴 서사시 중 하나! 사촌지간인 두 무리의 왕자들

판다바 형제들   카우라바 형제들

두 왕자들이 왕국의 지배권을 놓고 충돌한다.

이야기를 이끌어가는 역할   전차몰이꾼으로 변장한

크리슈나 신 →

← 서술자는 브야사

바가바드 기타

마하바라타의 일부분으로 상당히 철학적인 내용을 담고 있다.

실제로는 그 무엇도 죽지 않으며 영혼은 불멸한다.

크리슈나 →

불교

87

최근에는 불교사상이 서구에도 속속들이 파고들었어.

불교는 종교가 아니라 라이프스타일이라고요!

사업에서 당신의 잠재력을 온전히 실현하고 싶으신가요? 그렇다면 선의 경영법을 실천하세요!

어이쿠! 무당벌레를 밟아버렸네!

자네 악업을 쌓았군!

불교는 종교가 아니라 라이프스타일이라고요!

지금 당장!

단돈 9900원!

당신의 아이폰에서 붓다의 지혜를 만나세요!

세계적으로 불교신자는 4억 명 정도야!

그중 대부분은 중국과 일본을 비롯한 동남아시아에 살고 있지.

공식적으로 '개종'이 필요한 것도 아니고, 불교의 가르침은 다른 종교 안에서도 쉽게 실천할 수 있기 때문이지.

불교의 상징

불교의 상징은 진리의 수레바퀴라는 뜻의 다르마차크라, 즉 법륜이야.

원은 불법의 가르침이 완벽하다는 것을 나타내지.

중심 부분은 명상의 핵심인 수행을 상징해.

간킬 = 기쁨의 바퀴

그것은 서로 나눌 수 없고 상호의존적인, 불(붓다)·법(가르침) 승(승가) 삼보를 나타내지.

여덟 개의 바퀴살은 팔정도를 상징해!

깨달음을 얻는 여덟 가지 방법

① 정견 (바른 견해)
사성제 (95쪽을 보라).

② 정사유 (바른 생각)
비폭력적이고 친절하고 이타적인 생각

③ 정어 (바른 말)
거짓말과 모략과 잡담을 하지 않는다.

④ 정업 (바른 행동)
살인과 도둑질, 간음하지 않는다.

⑤ 정명 (바른 생활)
무기와 노예, 고기, 독, 마약을 거래하지 않으며 매음하지 않는다.

⑥ 정정진 (바른 정진)
불건전하고 나쁜 생각을 피한다.

⑦ 정념 (바른 깨어 있음)
몸과 마음과 감정과 현상들을 알아차린다.

⑧ 정정 (바른 집중)
명상한다.

불교의
핵심

나는 명상이 불교의 핵심이라고 생각해!

불교의 바탕은 사성제 즉, 네 가지 고귀한 진리야.

① 인생은 **고통**으로 가득하다. 태어남도 고통이요, 나이 듦과 병듦, 죽음도 고통이요, 슬픔도 고통이며, 사랑하는 대상에게서 분리되는 것, 원하는 것을 얻지 못하는 것도 고통이다.

② 고통의 원인은 갈망과 **집**착이다.

③ 갈망과 집착을 놓아버려야 고통이 소**멸**한다.

④ 고통의 소멸에 이르는 길은 (93쪽의) 팔정**도**이며, 명상을 통해 그 길을 간다.

명상에는 수많은 방법이 있어!

그 모든 방법의 중심에는 집중과 수행이 있지.

내가 배운 명상법의 바탕은

(1) **배꼽** 차크라
(2) **심장** 차크라
(3) **제3의 눈(미간)**

차크라에 집중하는 거야.

동양의 지혜에 따르면 차크라는 우리 몸속에서 에너지가 모이는 중심이며, 생명의 힘인 기는 차크라를 통해 흐르지.

아주 아름답게 들리는 말이긴 한데, 대체 무슨 뜻일까?

그리고 우리는 왜 그걸 추구해야만 하는 거지?

인생은 고통이기 때문이다!

그래요? 만약 인생을 고통스럽게 경험하지 않는 사람은 어떤 거죠? 너무 잘 깨달아서 그런 건가요, 아니면 너무 무지해서 그런 건가요?

나의 문제는, 깨달아야 한다는 생각이 여차하면 강박으로 발전한다는 거야. 나처럼 성과에 초점을 맞추는 서구인들의 경우는 특히 그렇지.

그래서 몇 년 전에 어떤 사람이 쓴 그 칼럼을 봤을 때 난 무척 행복했어.

늑장, 부리다간 이도 저도 안 된다니까

오늘부터 나는 내가 깨달은 존재임을 선언하는 바이오!

깨달음에 대한 강박, 이젠 아주 지긋지긋해!

난 여전히 똑같은 사람이지만, 이젠 내 행동에 대해 훨씬 더 많이 생각해. 내 말과 행동이 깨달은 나의 상태와 부합하는지 자문하지.

사실은 저런 생각이야말로 실제로 붓다의 가르침과 통하는 거야. 깨달음이란 이미 우리 안에 있으며 우리는 그것을 찾아내기만 하면 된다는 말씀!

그런 생각을 많이 하니까 이전과는 다르게, 더 낫게, 더 자각적으로 행동하고 느끼게 되었어!

97

불교와 힌두교를 비교해 볼까?

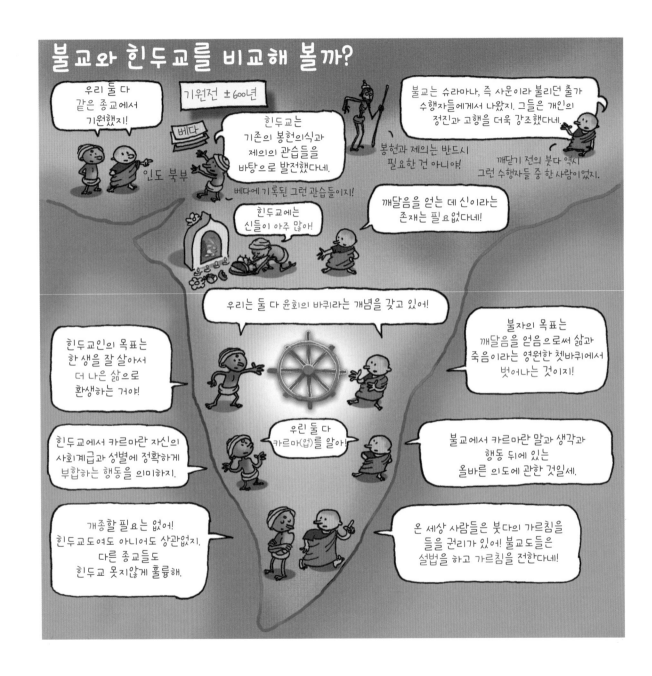

불교의 경전

빨리어 경전

원래 빨리어로 쓰였다 하여 이런 이름으로 부른다.

삼장(三藏)이라고도 한다.

이는 '세 개의 바구니' 라는 뜻으로 원래 야자나무 잎에
기록하여 고리버들 바구니에 보관하였다 하여 붙여진 이름이다.

경장
붓다가 설법한
가르침

율장
비구와
바구니들이
지켜야 할 계율

논장
붓다 사후 250년 뒤에
더해진 철학적이고
심리학적인 해설들

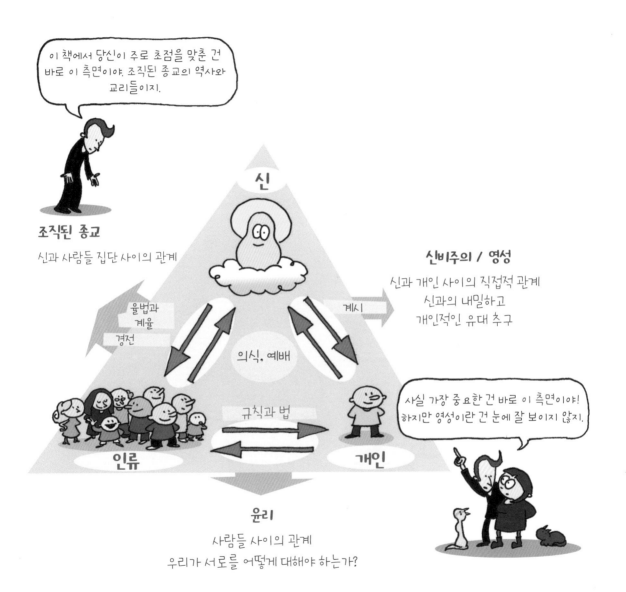

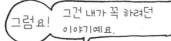
그럼요! 그건 내가 꼭 하려던 이야기예요.

시대가 바뀌었을지는 몰라도, 이 막강한 종교들의 과거를 비판적으로 검토하면 안 될 이유는 없다고 봐요.

그러니 이제 페미니즘의 관점으로 세계 5대 종교를 살펴보자고요.

유대교
세계의 다른 종교들과 마찬가지로 유대교도 가부장적인 문화에서 생겨났어. 부족과 집안의 우두머리도 재산의 소유자도 모두 남자야. 여자는 결혼을 통해 남편의 가족이 되고, 아이는 남편의 성을 물려받지.

기독교
당시 관습에 어긋나는 일이었지만 예수는 여자들과 함께 어울리기를 좋아했고, 그들과 함께 있는 모습이 자주 목격되었어.

이슬람교
무함마드는 13명의 여자와 결혼했어. 과부들도 있었고, 아이가 딸린 이혼녀도 있었는데, 모두 그의 보호를 받았지. 또 결혼을 통해 부족들과 동맹을 맺기도 했어. 그는 모든 아내를 존중하며 대했고 집안일을 도왔으며 그들과 토론하는 것도 좋아했지.

힌두교
힌두교는 조금은 덜 가부장적인 문화에서 발전한 듯해. 여자들도 재산을 소유할 수 있었고, 이혼도 할 수 있었으며, 구루나 요기 같은 종교적인 직업을 가질 수도 있었어.

불교
붓다는 처음에 여자들을 상가에 받아들이지 않았어. 여자들은 한참을 고집스럽게 요구한 다음에야 비구니가 될 수 있었지. 하지만 남자 승려들인 비구들에게 복종해야 했어.

유대교의 교리는 여성을 존중하기는 하지만 수세기 동안 그들의 위치는 가정과 가족에게만 한정되어 있었지.

그것도 중요한 거 아니겠어?

음식과 양육을 책임지는 일은 결코 하찮은 일이 아니죠!

최초의 여성 랍비는 1935년 레기나 요나스였어.

많은 여성들이 나의 선례를 따랐죠!

여자는 랍비가 될 수 없다는 정통파 유대교는 제외해야 하지만.

레기나 요나스 (1902~1944년)

기독교의 역사에서는 많은 여성들이 성인의 위치에 올랐지.

나는 예수의 어머니이자 가장 성스러운 여자랍니다!

성모 마리아

나는 수녀원장이자 신비주의자, 과학자라오.

이분은 성인은 아니지만 성인들의 달력에 등장해!

힐데가르트 폰 빙엔

나는 남장을 하고 영국에 맞서 싸웠어!

신께서 시키셨거든!

잔 다르크

지난 세기부터 개신교에서는 여성도 목사가 될 수 있어.

우리 어머니처럼!

하지만 로마 가톨릭의 신부와 주교는 여전히 남자들뿐이지!

교황, 추기경도 마찬가지.

이슬람교의 교리에도 여성을 존중하는 측면들이 있어.

무함마드, 저는 누구를 가장 존경해야 하나요?

그대의 어머니니라.

그 다음은요?

그대의 어머니!

그럼 그 다음은요?

그대의 어머니!

무함마드

하지만 많은 이슬람 국가에서는 여성들이 자유와 권리를 누리지 못하는 게 현실이야.

여자들은 완전히 가리고 다녀야 돼!

그리고 입은 꼭 다물고!

교육도 필요 없어!

남편한테는 복종!

하지만… 코란에는 그렇게 적혀 있지 않잖아요?

전통적으로 힌두교 여성의 인생은 세 단계로, 매 단계에서는 각각 한 남자의 보호를 받지.

어려서는 아버지!

아내가 되면 남편의 보호를 받아!

과부가 되면 장남에게 보호 받고!

여성이 사제 교육을 받을 수 있게 된 것도 겨우 몇 십 년 전의 일이지.

이제는 우리도 베다 의식을 거행할 수 있답니다!

여자들이 더 세심하지요!

게다가 설명도 더 잘 해주고요!

아이를 낳는 것이 여자의 가장 높은 사명이라고 여기는 문화권들이 많지만, 미국인 불교 스승 라마는 출산이 여자의 영적인 발전에 장애물이 된다고 생각했지.

출산이란 육체적으로 정신적으로 영적으로 고난일 뿐이지요!

저런 생각이 불교의 일반적인 생각인지 그만의 생각인지는 잘 모르겠어.

게다가 그 말이 여성 친화적인지 여성에게 적대적인 것인지도 헷갈리고 말이야!

106

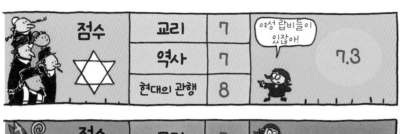

점수	교리	7	여성 랍비들이 있잖아!	7.3
✡	역사	7		
	현대의 관행	8		

내 생각을 정리해 볼게. 우선 종교와 문화가 서로 더 깊이 얽혀들수록, 종교는 여성의 사교적 사회적 역할을 제한하는 수단으로 많이 쓰인다는 거야.

점수	교리	5	바울 때문이야!	6.3
✝	역사	6		
	현대의 관행	8		

그리고 가부장적 문화 안에서 종교가 하나의 제도로 확립되면, 곧바로 여성을 복종시키기 위한 규칙과 율법이 만들어지지.

점수	교리	8	그래도 무함마드는 여성해방적인 인물이었어!	6.3
☪	역사	6		
	현대의 관행	5		

그게 바로 기독교와 이슬람교가 가장 낮은 점수를 받은 이유야. 두 종교 모두 정치, 사회, 문화와 긴밀히 연결되어 있거든.

점수	교리	8	여전히 여성 사제는 드물거든!	7
ॐ	역사	7		
	현대의 관행	6		

반면 1등을 차지한 불교는 구체적이고 철저하게 영적인 발전만을 목표로 삼지.

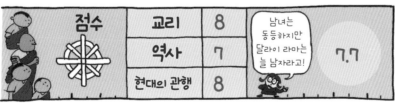

점수	교리	8	남녀는 동등하지만 달라이 라마는 늘 남자라고!	7.7
☸	역사	7		
	현대의 관행	8		

그러나 모든 종교가 그 핵심에서는 남녀가 평등함을 설파하고, 서로 존중하고 이해하고 사랑하라고 가르쳐.

종교의 뷔페

요즘은 자기만의 영성을 스스로 만들어가는 것이 유행이야. 전통적인 종교의 요소는 넣을 수도 있고 안 넣을 수도 있지!

난 남부 캘리포니아에서 명상적 회화 강의를 듣고 있어.

『시크릿』도 읽고 있다고!

올여름에 난 산티아고 데 콤포스텔라로 순례를 떠날 거야.

시각화 연습도 매일 빼먹지 않고 하고 있지!

도중에 틈틈이 카발라에 관해서도 읽을 거고.

집에 꾸며둔 나만의 제단에서 말이야.

나도 그 트렌드에 동참하고 있어! 내게는 '신들의 서랍장'이 있어!

마르티누스 성인. 우리 아버지 이름이 마르틴이거든.

여성의 힘을 상징하는 뱀 여신.

불상.

변화시키는 힘을 지닌 시바신.

죽은 사람들의 사진.

바스테트. 이집트의 고양이 여신.

이 서랍에는 향이 들어 있어.

여기엔 내게 영감을 주는 책들을 보관해두지.

이런 새로운 영성을 비판하는 사람들의 말도 나는 이해해.

그래도 난 이것이 긍정적인 발전이라고 생각해! 사람들이 맹목적으로 어느 한 종교를 따르기보다, 자기한테 맞는 걸 적극적으로 찾아내려고 노력하는 거니까!

피상적이야!

상업적이고!

오랜 세월의 전통이 담겨 있지 않아.

정말 놀라운 일 아니야?

그것이 의미하는 바가 뭘까?

교회들은 공허해지고 무신론이 지적인 표준이 되었는데도, 사람들은 여전히 영적인 발전이 필요하다고 느끼고 있다는 거잖아!

이런 점은 과학자들의 관심도 자극했어!

만약 종교적 행동이 인류의 보편적인 특성이라면, 사람의 DNA에서 반드시 그것을 찾아낼 수 있을 거야!

신의 유전자는 어디 있는 거지?

저러다가 이렇게 되는 거 아니야?

찾았다!

신의 유전자가 두 배로 들어간 사람을 만들고 말 테다!

짜잔. 슈퍼 메시아 탄생!

아니면 혹시…

이제 그 유전자를 제거해 버릴 수 있어!

종교를 없애버리자!

에헴!

슈퍼 사탄이다!

*송과선 (松果腺).
 좌우 대뇌 반구 사이에 있는 작은 공 모양의 내분비기관.

나는 다음과 같은, 철저히 비과학적인 이론을 만들어냈어.

종교적 행동이란 존재하는 무엇이 아니라,
(더 이상) 존재하지 않는 무엇에 의해 형성된다.
그 무엇은 생명이 있는 존재와
없는 존재 모두와 연결해주는 것이다.

삼라만상과 그 속에서의 우리 위치에 대한,
그리고 삶과 죽음의 순환에 대한 직관적 인식.

모든 것을 감지하는 안테나.

나

자아
이성
논리

…라고 난 생각해.

사람들의 지나치게 발달된 자의식은
이런 연결을 방해해.
그 결과 남게 되는 어떤 갈망과 상실감이
종교와 영성으로 표현되는 거지.

현재로는.

그 연결은 기도와 명상 수행을 통해 복구할 수도 있어. 또 다소 생뚱맞기는 하지만 뇌전증(간질) 발작 (많은 성인들이 뇌전증을 앓았다지)을 통해 그 연결이 복구되기도 해. 그리고 환각을 유발하는 약물을 사용하는 방법도 있어.

어떤 종교의식들에서는 각 개인이 신과 직접 연결할 수 있도록 마약을 사용하는 경우도 있다고! 소마나 아야화스카, 페요티, LSD 그리고 실로시빈* 같은 약들 말이지!

*멕시코산 버섯에서 추출하는 환각유발 물질

아니에요.
그럴 리가요!

나는 새우 빈달루를 먹어보라고 권하지 않듯이
환각성 마약을 권하지도 않는다고요.

그게 먼데?

엄청나게 매운
인도 요리!

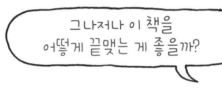

그나저나 이 책을
어떻게 끝맺는 게 좋을까?

음…

아멘으로?

샬롬으로?

옴으로?

알라후
악바르로?

종교적 진리를 찾는 일에는 정말로 끝이 없어. 그건 탐색하고, 발견하고, 포용하고, 의문을 갖고, 거부하는 것으로 이루어진 연속적인 과정이지.

포용하기
누리기, 감동받기

발견하기

의문갖기

탐색하기
꼭 적극적일 필요는 없고, 열린 마음과 호기심이면 충분하다.

거부하기
꼭 부정적이거나 공격적일 필요는 없다. 자기가 무엇을 원하는지 아는 것만큼 원치 않는 게 무엇인지 아는 것도 중요하다.

그리고 매 단계마다 자신을 인도하는 데 도움이 될 뭔가를 취하는 것도 잊지 말아야지. '모든 일에 신중히 헤아려 좋은 것을 취하라!' 고 했으니까.

바울이 한 말 중에는 내가 동의할 수 없는 부분도 있지만, 그건 현명한 말이죠.

당신은 무엇을 믿는가?

자기 외부의 "더 높은" 어떤 존재를 믿는가?

아니면 혹시 자기 내면의 "신적인" 어떤 면을 믿는가?

그것에게 이름을 붙여주었나?

"신"이라든가?

"전체"라든가?

"더 높은" 어떤 존재

이 존재와 연결되기 위해 어떤 노력을 기울이고 있나?

기도를 통해서?

아니면 명상?

아니면 약물을 통해서?

그 존재와 함께하는 경험을 해본 적이 있나?

교회에서?

다른 사람들과의 접촉을 통해서?

자연에서?

당신은 다른 사람들을 어떻게 대하는가?

가족은?

친구들은?

지인들은?

동물들은?

모르는 사람들은?

당신은 환경을 어떻게 다루고 대하는가?

자연

그리고 또 당신의 가정은?

자기 주변의 일들을 어떻게 조직하는가?

당신은 그들이 바라는 대로 대하고 있는가?

아니면 당신이 하고싶은 방식으로 대하는가?

다른 존재들

개인

환경

그리고

다른 사람들은 당신에게서 무엇을 기대할 수 있을까?

당신은 자기 자신을 어떻게 대하는가?

자신에 대해 무엇을 기대하는가?

자신의 몸은 어떻게 다루나?

무엇을 먹고 무엇을 마시는가?

이런 믿음들은 당신 자신의 것인가?

아니면 다른 사람들의 생각을 따라하는 것인가?

자신을 좋아하나?

직장에서는?

인간관계에서는?

찾아보기

찾아보기:

추천 자료

〈지저스 크라이스트 슈퍼스타〉

1973년 당시에는 논쟁적인 작품으로
여겨졌지만 지금은 부활절의
진정한 고전이 되었다.

『힌두교 신들에 관한 작은 책』

힌두교의 신들이 이렇게 사랑스럽고
접근하기 쉬웠던 적이 있었던가!
픽사 애니메이터인 산제이 파텔의 작품

〈마하바라타〉

유명한 힌두교의 서사시를 감동적인
연기로 되살려냈다.

『싯다르타』

1922년에 발표된 헤르만 헤세의
이 소설은 지금도 불교의 기본에
관해 설명해주는 책으로
널리 읽히고 있다.

『아일랜드』

불교 유토피아를 그려낸
올더스 헉슬리의 소설.

〈도그마〉

신이 자신의 도그마에
얽혀들게 되는 위협적인
상황에 대한
웃기면서도 심오한 영화

〈아바타〉

이 영화 속에서
다양한 힌두교의 영향을
찾아보는 것도 재미있다.

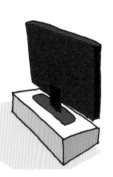

종교가 된 사적인 고민들

2014년 10월   1일 초판 1쇄 발행
2020년   9월 28일 초판 3쇄 발행

지은이	마르흐레이트 데 헤이르
옮긴이	정지인
펴낸이	류지호
상무이사	양동민
편집이사	김선경
편집	이기선, 정회엽, 곽명진
표지디자인	[★]규
본문디자인	김소현
제작	김명환
마케팅	김대현, 정승채, 이선호
관리	윤정안
펴낸 곳	원더박스 110-140 서울시 종로구 우정국로 45-13, 3층
	대표전화 02-420-3200 편집부 02-420-3300 팩스 02-420-3400
	출판등록 제300-2012-129호(2012. 6. 27.)
ISBN	978-89-98602-07-9 03100

「이 도서의 국립중앙도서관 출판시도서목록(CIP)은 서지정보유통지원시스템 홈페이지(http://seoji.nl.go.kr)와
국가자료공동목록시스템(http://www.nl.go.kr/kolisnet)에서 이용하실 수 있습니다. (CIP제어번호: 2014027591)」